BEI GRIN MACHT SICH IHR WISSEN BEZAHLT

- Wir veröffentlichen Ihre Hausarbeit,
  Bachelor- und Masterarbeit

- Ihr eigenes eBook und Buch -
  weltweit in allen wichtigen Shops

- Verdienen Sie an jedem Verkauf

Jetzt bei www.GRIN.com hochladen
und kostenlos publizieren

GRIN

Software-basierter Entwurf von Lichtsignalprogrammen für die relevanten Verkehrszeiten eines innerörtlichen Knotenpunktes

Manuel Fries

Bibliografische Information der Deutschen Nationalbibliothek:

Die Deutsche Nationalbibliothek verzeichnet diese Publikation in der Deutschen Nationalbibliografie; detaillierte bibliografische Daten sind im Internet über http://dnb.d-nb.de abrufbar.

ISBN: 9783346467812
Dieses Buch ist auch als E-Book erhältlich.

© GRIN Publishing GmbH
Nymphenburger Straße 86
80636 München

Alle Rechte vorbehalten

Druck und Bindung: Books on Demand GmbH, Norderstedt Germany
Gedruckt auf säurefreiem Papier aus verantwortungsvollen Quellen

Das vorliegende Werk wurde sorgfältig erarbeitet. Dennoch übernehmen Autoren und Verlag für die Richtigkeit von Angaben, Hinweisen, Links und Ratschlägen sowie eventuelle Druckfehler keine Haftung.

Das Buch bei GRIN: https://www.grin.com/document/1042649

Verkehrssystemtechnik

Software-basierter Entwurf von Signalprogrammen für die relevanten Verkehrszeiten eines innerörtlichen Knotenpunktes im Saarland

vorgelegt von

Manuel Fries

Westfälische Hochschule

Fachbereich Ingenieur- und Naturwissenschaften

Masterstudiengang Wirtschaftsingenieurwesen

Wintersemester 2020/2021

Inhaltsverzeichnis

Abbildungsverzeichnis .... *A*

Tabellenverzeichnis .... *A*

Formelverzeichnis .... *A*

1. Einleitung *1*

2. Grundlagen *2*

    2.1 Qualitätsstufen 2

    2.2 Performance Index 2

    2.3 Phasen und Phaseneinteilung 3

    2.4 Signalzeiten und Umlaufzeiten 4

        2.4.1 Mindestfreigabezeiten 4

        2.4.2 Umlaufzeiten 4

        2.4.3 Übergangszeiten 5

        2.4.4 Zwischenzeiten 5

    2.5 Verkehrsstärken 5

3. Zielsetzung, Vorgaben und Prämissen *6*

4. Vorgehen in der Software LISA *8*

    4.1 Modellierung des Knotenpunktes 8

        4.1.1 Straßenverkehr 8

        4.1.2 Fußgängerverkehr 10

        4.1.3 Signalgruppen 10

        4.1.4 Zusammenfassung 11

    4.2 Belastungen des Knotenpunktes 13

        4.2.1 Erstellung der Verkehrszeiten 13

        4.2.2 Maßgebende Bemessungsverkehrsstärke 15

        4.2.3 Zusammenfassung 15

    4.3 Signalgruppen 15

    4.4 Ausrüstung und Detektoren 17

    4.5 Unverträglichkeiten 18

    4.6 Berechnung der Zwischenzeiten 19

    4.7 Phasen und Phasenübergänge 19

4.8 Signalzeitenpläne **21**

4.9 Koordinierung LSA 400 und LSA 401 .... **23**

    4.9.1 Randbedingungen RiLSA 24

    4.9.2 Schritte in LISA 24

5. Fazit ***27***

Literaturverzeichnis .... ***i***

Abbildungsverzeichnis

Abbildung 1: Vorgegebener Lageplan 7

Abbildung 2: Anpassung der Fußgängerfurten 10

Abbildung 3: Screenshot Knotenpunkt LISA 11

Abbildung 4: Knotenpunktskizze LISA 12

Abbildung 5: Verkehrsbelastung eines Tags in Kfz je 15 Minuten 13

Abbildung 6: Tagesganglinie in Kfz je Stunde 14

Abbildung 7: Tagesganglinie in Kfz je Zufahrt je Stunde 14

Abbildung 8: Reiter Signalgruppen 16

Abbildung 9: Reiter Signalgruppe [modifiziert] 17

Abbildung 10: Vorgaben Signalgeber 17

Abbildung 11: Matrix der Unverträglichkeiten 18

Abbildung 12: Matrix der Zwischenzeiten 19

Abbildung 13: Darstellung der Phasen und Phasenübergänge 20

Abbildung 14: Phasenübergang 1.2 21

Abbildung 15: SZP2 22

Abbildung 16: SZP2 [modifiziert] 23

Abbildung 17: Import der LSA 401 24

Abbildung 18: Grundgerüst der Koordinierungsvariante 25

Abbildung 19: PI kombinatorisch optimiert [l.] und analytisch optimiert [r.] 26

Tabellenverzeichnis

Tabelle 1: Grenzwerte für die Qualitätsstufen der verschiedenen Verkehrsarten 2

Tabelle 2: Umlaufzeiten 4

Tabelle 3: Fahrstreifenbreiten im Lageplan 8

Tabelle 4: Bestimmung der Fahrbahnlängsneigung 9

Tabelle 5: Abbiegeradien der einzelnen Fahrlinien 9

Tabelle 6: Aufstelllänge vor der Fußgängerfurt 10

Tabelle 7: Minimale Freigabezeit der Fußgänger 16

Tabelle 8: Optimale Phasenfolgen 21

Tabelle 9: Bewertung der Verkehrsqualität der Signalzeitenpläne 21

Formelverzeichnis

Formel 1:Berechnung des Performance-Index 2

Formel 2: Anzahl der Phasenfolgen 3

Formel 3: Anzahl der Phasenwechsel 3

Formel 4: Berechnung der Umlaufzeit 4

Formel 5: Zwischenzeitenberechnung 5

1. Einleitung

Das Verkehrsaufkommen der Europäischen Union [EU] steigt seit Jahrzehnten. Das betrifft sowohl den Personen-, als auch den Güterverkehr. Zwischen 1970 und 2005 kam es EU-weit zu einer Vervierfachung der Lastkraftwagen- und Personenkraftwagenbestände (1 S. 45). Zurückzuführen ist diese Mobilitätsentwicklung auf den steigenden Wohlstand Europas (1 S. 1). Im Januar 2019 wies Deutschland einen Pkw-Bestand von ca. 45 Mio. Fahrzeugen auf (2 S. 4). In keinem anderen Land der EU liegt ein so hoher Pkw-Bestand vor. Anders verhält es sich beim Bestand der leichten, mittleren und schweren Lkw. Dennoch belegte Deutschland 2019 in jeder dieser Lkw-Kategorien einen der oberen fünf Plätze (2 S. 4). Der hohe Fahrzeugbestand Deutschlands sorgt für ein dementsprechendes Verkehrsaufkommen. Um den vorhandenen Verkehr sicher, ökologisch und volkswirtschaftlich ökonomisch zu führen, ist eine effiziente Planung und Steuerung erforderlich. Eine Möglichkeit, die Qualität des Verkehrsablaufs zu beeinflussen, ist der Einsatz von Lichtsignalanlagen [LSA]. Sinnvoll sind LSA an Knotenpunkten, an denen sich bereits Unfälle ereigneten, bzw. an denen zielkonfliktbedingte Unfälle zu erwarten sind (3 S. 9). Unfallgründe an Knotenpunkten ohne LSA können neben einer zu hohen Verkehrsstärke auch unzureichende Sichtverhältnisse, oder eine mangelnde Begreifbarkeit der Vorfahrtregelung (3 S. 9) sein.

Ziel dieser Arbeit ist es, die Signalsteuerungen einer solchen LSA zu entwerfen. Durchgeführt wird der Entwurf mit dem Software-Paket LISA der Firma Schlothauer & Wauer. Dieses Software-Paket ermöglicht eine umfassende verkehrstechnische Planung, Bewertung und Simulation von Verkehrsanlagen. Die Arbeit beinhaltet das schrittweise Vorgehen in LISA und die wichtigsten Rahmenbedingungen, die durch die Richtlinie für Lichtsignalanlagen [RiLSA] und das Handbuch zur Bemessung von Straßenverkehrsanlagen [HBS] gegeben sind. Beplant wird ein innerstädtischer Knotenpunkt in Neunkirchen [Saarland] mit vier Zufahrten. Die Planungssoftware und der betrachtete Knotenpunkt sind dem Autor vorgegeben worden.

Eingeteilt ist diese Arbeit in fünf Kapitel. Nach der Einleitung [Kapitel 1] werden im zweiten Kapitel einige Grundlagen aufgeführt. Das dritte Kapitel behandelt die Aufgabenstellung. Weiterhin wird auf Vorgaben und gesetzte Prämissen eingegangen. Das vierte Kapitel stellt den Hauptteil dieser Arbeit dar. Hier wird die Planung mit der Software LISA beschrieben. Der Hauptteil unterteilt sich in weitere neun Abschnitte. Neben Abbildungen und Zwischenständen aus der Software, sind auch Ergänzungen aus dem Grundlagenkapitel vorzufinden. Das Fazit im fünften Kapitel fasst die Arbeit zusammen, prüft die Erreichung der Forschungsfrage und zeigt auf, wie diese Arbeit in den Gesamtzusammenhang des Themengebietes „Verkehr" einzuordnen ist.

2. Grundlagen

Bevor Kapitel 4 die Planung in LISA beschreibt, sind in diesem Kapitel einige theoretische Grundlagen aufgeführt. Sie sind relevant für die später durchgeführte Planung.

2.1 Qualitätsstufen

Die Bewertung der Verkehrsqualität eines Knotenpunktes mit LSA erfolgt auf Basis von Wartezeiten (4 S. 72)[1]. Anhand der Wartezeiten wird jedem Fahrstreifen des Knotenpunktes eine Qualitätsstufe zugeordnet. Die Qualitätsstufen reichen von A [sehr kurze Wartezeiten] bis F [sehr lange Wartezeiten] (4 S. 73). Die schlechteste Qualitätsstufe eines einzelnen Fahrstreifens bzw. einer Fußgängerfurt ist maßgebend für die Beurteilung der Verkehrsqualität des gesamten Knotenpunktes (4 S. 72). Welche Wartezeiten welcher Qualitätsstufe entsprechen, zeigt Tabelle 1.

Tabelle 1: Grenzwerte für die Qualitätsstufen der verschiedenen Verkehrsarten[2]

Qualitätsstufe	Mittlere Wartezeit Kfz-Verkehr	Maximale Wartezeit Fußgänger und Radverkehr
A	≤ 20 s	≤ 30 s
B	≤ 35 s	≤ 40 s
C	≤ 50 s	≤ 55 s
D	≤ 70 s	≤ 70 s
E	> 70 s	≤ 85 s
F	$(q > C)^3$	> 85 s

Es ist zu erkennen, dass bei der Vergabe der Qualitätsstufen für Kfz strenger verfahren wird als bei Fußgängern und Radfahrern. Nutzt der Radverkehr die Fahrbahn der Kfz, gelten für die Radfahrer dennoch die Grenzwerte der rechten Spalte aus Tabelle 1.

2.2 Performance Index

Der Performance-Index [PI] verknüpft bei Netzsteuerungen die Wartezeiten mit den anfallenden Halten an LSA.

Formel 1:Berechnung des Performance-Index[4]

$$PI = G_w * \sum_{i=1}^{k}\sum_{j=1}^{n}\left(t_{wi;j} * q_{i,j} * y_j\right) + G_H * \sum_{i=1}^{k}(N_{Hi,j} * q_{i,j} * y_j)$$

PI	Performance-Index
k	Anzahl der Knotenpunkte
n	Anzahl der Fahrstreifen am Knotenpunkt
$t_{wi;j}$	Mittlere Wartezeit an dem Fahrstreifen j am Knotenpunkt i [s]

---

[1] Die für die Quelle 4 verwendeten Seitenzahlen entsprechen der im FGSV Reader angezeigten Seitenzahl.
[2] Eigene Darstellung nach (4 S. 73).
[3] „Die Qualitätsstufe F ist erreicht, wenn die nachgefragte Verkehrsstärke q über der Kapazität C liegt q > C." (4 S. 73).
[4] Quelle: (5 S. 364).

$N_{Hi,j}$ Anzahl der Halte an dem Fahrstreifen j am Knotenpunkt i

G_W Gewicht der Wartezeiten

G_H Gewicht der Halte

Y_j Gewicht für den Fahrstreifen bzw. auch für die gesamte zulaufende Strecke

$q_{i,j}$ Verkehrsstärke [Fz/h]

Mit dem PI werden verschiedene Arten der koordinierten Verkehrssteuerung miteinander vergleichen. Je niedriger der Wert des PI, desto besser die Koordinierung. Aus dem Wert des PI können keine Qualitätsstufen gebildet werden.

2.3 Phasen und Phaseneinteilung

Der unveränderte Zustand einer Signalisierung wird auch als Phase bezeichnet. Ein Signalprogramm ist die Abfolge mehrerer Phasen. Die Anzahl der Phasen und in welcher Reihenfolge die Phasen geschaltet werden, hängt von der Größe des Knotenpunktes, der Stärke der vorhandenen Verkehrsströme und von Sicherheitsaspekten ab. Zur Reduzierung der Wartezeiten sollten so viele Verkehrsströme in eine Phase gelegt werden wie möglich (5 S. 233). Bei der Einteilung der Phasen wird zwischen verträglichen, nichtverträglichen und bedingt verträglichen Verkehrsströmen unterschieden. Bei verträglichen Verkehrsströmen liegen keine Konfliktpunkte vor. Demnach können sie in eine Phase gelegt werden. Nichtverträgliche Verkehrsströme sind getrennt freizugeben. Bedingt verträgliche Verkehrsströme dürfen gemeinsam freigegeben werden. Ob eine gemeinsame Freigabe sinnvoll ist, ist abhängig von den zuvor genannten Gegebenheiten des Knotenpunktes (3 S. 13). Ein Zweiphasensystem eignet sich für einfache Kreuzungen und zeichnet sich durch eine hohe Leistungsfähigkeit aus. Bei starkem Linksabbiegeverkehr oder mehreren Linksabbiegefahrstreifen sind weitere Phasen hinzuzufügen (5 S. 233). Durch die Reduktion der Leistungsfähigkeit erreicht die Mehrphasensteuerung eine höhere Verkehrssicherheit (6 S. 135). Wenn ein Mehrphasensystem gewählt wird, ist die optimale Phasenfolge zu finden. Die optimale Phasenfolge ist erreicht, wenn die Freigabezeit maximal, bzw. die Gesamtverlustzeit minimal ist (6 S. 135). Mit der Anzahl der Phasen kann die Anzahl der möglichen Phasenfolgen errechnet werden.

Formel 2: Anzahl der Phasenfolgen[5]

$$n = (p - 1)!$$

Die Anzahl der möglichen Phasenwechsel p berechnet sich wie folgt:

Formel 3: Anzahl der Phasenwechsel[6]

$$w = p * (P - 1)$$

---

[5] Quelle: (6 S. 135).
[6] Quelle: (6 S. 135).

2.4 Signalzeiten und Umlaufzeiten

Abschnitt 2.4 stellt in seinen Unterkapiteln einige wichtige Signal- und Umlaufzeiten vor. Um ein tieferes Verständnis zu erlangen, sollte auf die hier verwendete Literatur zurückgegriffen werden.

2.4.1 Mindestfreigabezeiten

Die Dauer der Mindestfreigabezeit richtet sich nach der Art der Verkehrsteilnehmer. Für Kraftfahrzeuge ist in Schnabel/ Lohse eine Mindestfreigabezeit von mindestens sechs Sekunden vorgegeben (5 S. 220), während die RiLSA auch fünf Sekunden erlaubt (3 S. 28). Handelt es sich bei dem betrachteten Kfz-Strom um einen Strom der Hauptrichtung, sind mindestens zehn Sekunden erforderlich. Die Mindestfreigabezeit für Radfahrer beträgt fünf Sekunden. Fußgängern ist stets die halbe Räumzeit [oder mehr] zu geben.

2.4.2 Umlaufzeiten

Die Umlaufzeit ist die Zeit, die eine LSA benötigt, um alle Phasen eines Knotenpunktes einmal abzuwickeln. Dementsprechend hat jeder Fahrstreifen/ jede Furt innerhalb der Umlaufzeit einmal GRÜN gehabt (5 S. 221). Zusammensetzen tut sich die Umlaufzeit aus der Freigabezeitensumme und der Zwischenzeitensumme. Beide Summen hängen von der Anzahl der Phasen ab.

Formel 4: Berechnung der Umlaufzeit

$$t_U = \sum_{i=1}^{p} t_{Fi} + \sum_{i=1}^{p} t_{zi}$$

Verfügt ein Signalprogramm über mehr als zwei Phasen, ist mit einer höheren Umlaufzeit zu rechnen. Die Zeitwerte für minimale, normale und maximale Umlaufzeiten sind Tabelle 2 zu entnehmen.

Tabelle 2: Umlaufzeiten[7]

	Minimale Umlaufzeit	Normale Umlaufzeit	Maximale Umlaufzeit
Zweiphasensystem	30 s	45 – 60 s	80 s
Mehrphasensystem	50 s	70 – 90 s	100 – 120 s

Umlaufzeiten von mehr als 90 Sekunden sind möglich, sollten in der Praxis aber vermieden werden. Ist eine solch hohe Umlaufzeit erforderlich, um eine tragbare Qualität des Verkehrsablaufs zu gewährleisten, ist das betroffene Signalprogramm auf eine minimale Betriebszeit zu begrenzen (3 S. 27). Lichtsignalgesteuerte Knotenpunkte werden in ihrer Qualität entscheidend von der Umlaufzeit beeinflusst (5 S. 221).

---

[7] Quelle: (5 S. 220).

2.4.3 Übergangszeiten

Die Übergangszeit ist der Wechsel von der Freigabezeit [GRÜN] zur Sperrzeit [ROT] (3 S. 21). Während der Übergangszeit zeigt die LSA den Kraftfahrzeugen die Farbe GELB. Wie lange die Übergangszeit für die jeweiligen Kfz-Ströme zu schalten ist, hängt von der zulässigen Höchstgeschwindigkeit der Knotenpunktzufahrt ab:

-Gelbzeit bei 50 km/h = 3 Sekunden
-Gelbzeit bei 60 km/h = 4 Sekunden
-Gelbzeit bei 70 km/h = 5 Sekunden

Bedingt durch diese Vorgabe kann die Gelbzeit für die einzelnen Knotenpunktzufahrten variieren (3 S. 21). Die Gelbzeit darf einen Wert von drei Sekunden nicht unterschreiten (5 S. 220). Zufahrten mit einer zulässigen Höchstgeschwindigkeit von < 50 km/h sind ebenfalls drei Sekunden Übergangszeit einzuräumen.

2.4.4 Zwischenzeiten

Die Zwischenzeit ist die Zeitspanne zwischen dem Freigabezeitende der einen Richtung und dem Freigabezeitanfang einer anderen Richtung (5 S. 211). Sie setzt sich aus der Einfahrzeit, der Überfahrzeit und der Räumzeit zusammen.

Formel 5: Zwischenzeitenberechnung

$$t_Z = t_r + t_{ü} - t_e$$

2.5 Verkehrsstärken

Die Verstärke q ist definiert als der Quotient einer Anzahl von Verkehrselementen und einem Zeitintervall. Das HBS unterscheidet zwischen Fahrzeug-, Kraftfahrzeug-, Rad- und Fußgängerverkehrsstärken. Auch Verkehrsströme des öffentlichen Verkehrs [ÖV] werden berücksichtigt. Alle Verkehrsstärken werden in Einheiten pro Zeiteinheit angegeben (4 S. 32) . Bei der Erfassung der Verkehrsstärke ist die Größe des Zeitintervalls entscheidend. Kleinere Zeitintervalle unterliegen stärkeren Schwankungen. Bei zu großen Zeitintervallen werden stark schwankende Verkehrsstärken nicht zutreffend erfasst (4 S. 33) . Geeignet sind 15-Minuten-Intervalle bzw. 60-Minuten-Intervalle. Für eine Planung sollen mindestens die nach Leichtverkehr [LV] und Schwerverkehr [SV] getrennten Verkehrsstärken vorliegen. Für den Schwerverkehr ist eine weitere Differenzierung nach der Fahrzeugart sinnvoll (4 S. 75). Aus den vorhandenen Daten über die Verkehrsstärken lassen sich zeitgesteuerte Signalprogramme bestimmen. Die Spitzenstunde bildet die vier aufeinander folgenden 15-Minuten-intervalle mit der fahrstreifenübergreifend höchsten Verkehrsstärke ab (4 S. 36). Weiterhin kann eine grafische Darstellung bei der Bestimmung der Signalprogramme hilfreich sein.

3. Zielsetzung, Vorgaben und Prämissen

Diese Arbeit hat das Ziel, Signalsteuerungen für die relevanten Verkehrszeiten eines innerörtlichen Knotenpunktes zu entwickeln. Der betrachtete Knotenpunkt liegt in Neunkirchen im Saarland. Er hat vier Zufahrten, wobei jede dieser Zufahrten einen Mischfahrstreifen für Geradeausfahrer sowie für Rechtsabbieger, und einen Linksabbiegestreifen hat. Außerhalb des Knotenpunktes sind alle Zufahrten zweispurig geführt. Für den aus südlicher Richtung auf den Knotenpunkt zufahrenden Verkehr, gilt eine Geschwindigkeitsbegrenzung von 30 km/h. Für die Verkehrsteilnehmer der drei anderen Richtungen sind 50 km/h vorgeben. Darüber hinaus sind die Aufstelllängen der Linksabbiegestreifen bekannt:

-Westliche Zufahrt „Lindenallee" = 65 Meter

-Südliche Zufahrt „Brückenstraße" = 50 Meter

-Östliche Zufahrt „Karl-Schneider-Straße" = 65 Meter

-Nördliche Zufahrt „Brückenstraße" = 30 Meter

Fußgänger, die den Knotenpunkt überqueren möchten, nutzen eine der vier Fußgängerfurten. Die Radfahrer nutzen die Kfz-Fahrstreifen und richten sich ebenfalls nach den dort geltenden Signalen. Die angrenzenden Parkplatzzufahrten werden in dieser Arbeit nicht weiter berücksichtigt.[8]

Zu den Spitzenzeiten ist ein koordinierter Betrieb mit der benachbarten Fußgängerampel zu realisieren. Der Haltelinienabstand beträgt in westlicher Fahrtrichtung 140 Meter und ich östlicher Fahrtrichtung 110 Meter. Da außerhalb der Spitzenzeiten keine Koordinierung vorliegt, ist hier eine zweckmäßige Umlaufzeit zu ermitteln. Die Verkehrsstärken [in 15-Minuten-Intervallen] sind bereits bekannt und liegen in Form einer Excel-Tabelle vor. Prognoserechnungen sind nicht mehr durchzuführen, da eine stagnierende Verkehrsentwicklung am Knotenpunkt angenommen wird. Um eine ausreichende Qualität der Signalsteuerungen zu garantieren, ist in allen Verkehrszeiten mindestens die Qualitätsstufe D zu erreichen. Das gilt ebenfalls für das Koordinierungsmaß in den Spitzenzeiten. Als Grundlage für die spätere Planung ist der folgende Lageplan zu verwenden.

---

[8] Da die Gefahr einer Überstauung der Parkplatzzufahrten durch diese Annahme eliminiert ist, werden die Poisson-Verteilung und die Binomialverteilung im weiteren Verlauf der Arbeit nicht erläutert und auch nicht angewendet.

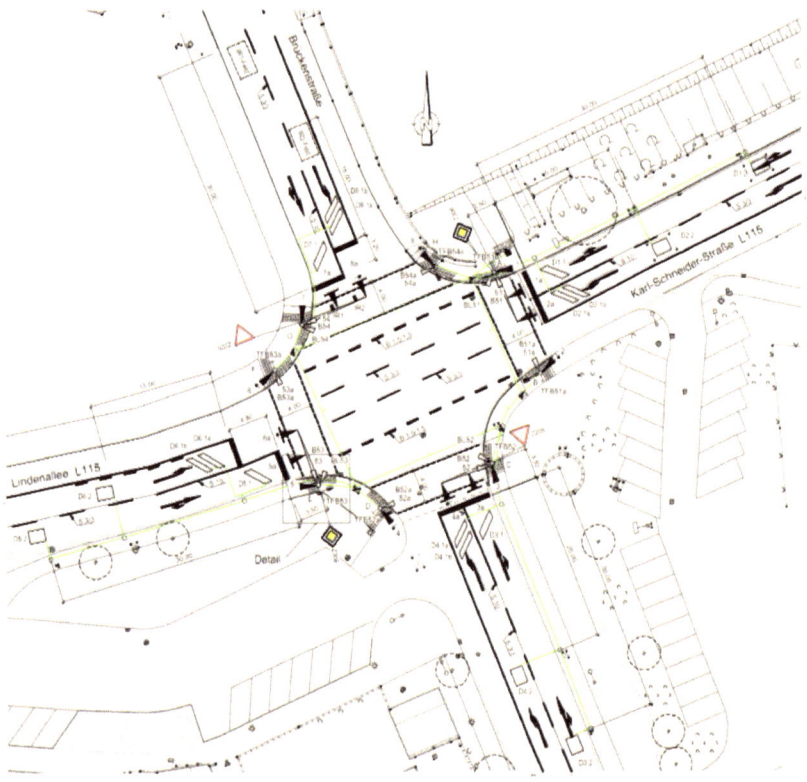

Abbildung 1: Vorgegebener Lageplan

Dem Lageplan sind sämtliche Längen und Maße zu entnehmen. Die Hauptrichtung des Verkehrs [Zufahrten West und Ost] ist durch die Vorfahrtsbeschilderung dargestellt.

4. Vorgehen in der Software LISA

Dieses Kapitel beschreibt die Erstellung der Signalzeitensteuerung. Falls erforderlich, werden Einschübe aus dem Grundlagenkapitel oder der Literatur ergänzt. Relevante Zwischenstände sind in Form von Abbildungen und Tabellen eingefügt. Beginnend wird in LISA ein neues Projekt erstellt. Dieses wird benannt und anschließend angelegt. Allgemeine Angaben zum Bearbeiter, zum Auftraggeber und zur Projektbezeichnung werden eingefügt. Nach dem Import des Lageplans [PDF-Format] wird mit der Modellierung des Knotenpunktes begonnen.

4.1 Modellierung des Knotenpunktes

Kapitel 4.1 unterscheidet zwischen der Modellierung des Straßenverkehrs [Kfz und Rad] und der des Fußgängerverkehrs. Abschnitt 4.1.1 beinhaltet die Planung der auf der Straße liegenden Fahrstreifen, während es in Abschnitt 4.1.2 um die Planung der Fußgängerfurten geht. Nachdem in Abschnitt 4.1.3 die Erstellung der Signalgruppen erklärt wurde, ist in Abschnitt 4.1.4 eine kurze Zusammenfassung der Modellierungsergebnisse zu finden. Für die nun folgenden Modellierungen wird dem Lageplan eine Bemaßung hinzugefügt. Um einen möglichst geringen Fehler im Maßstab zu haben, ist der Maßstab am längsten vorgegebenen Maß im Lageplan [hier 30 Meter] vorzunehmen.

4.1.1 Straßenverkehr

Nach der Verifizierung des Maßstabes durch erneutes Messen, werden die Knotenarmachsen und die Fahrstreifen eingefügt. Dabei wird die vorgegebene Nummerierung der Zufahrten aus dem Lageplan berücksichtigt. Den Knotenarmachsen 1 und 3 [Ost und West] wird Vorfahrt gewährt. Zusätzlich werden die Straßennamen und die zulässigen Höchstgeschwindigkeiten eingegeben. Die jeweiligen Fahrstreifenbreiten werden mit dem Länge-messen-Tool ermittelt und aktualisiert. Tabelle 3 zeigt die Messwerte der Fahrstreifenbreiten.

Tabelle 3: Fahrstreifenbreiten im Lageplan

Fahrstreifen	Fahrstreifenbreite
1a	3,25 m
2a	3,00 m
Fahrstreifen einfahrend [Ost]	3,25 m
3a	3,25 m
4a	3,00 m
Fahrstreifen einfahrend [Süd]	3,00 m
5a	3,25 m
6a	3,25 m
Fahrstreifen einfahrend [West]	3,30 m
7a	3,60 m
8a	3,00 m
Fahrstreifen einfahrend [Nord]	3,40 m

In die Eigenschaften der einzelnen Fahrstreifen werden neben den in Tabelle 3 aufgeführten Fahrstreifenbreiten, der Quellfahrstreifen und die Fahrstreifenlänge eingegeben. Quellfahrstreifen sind die Fahrstreifen 1a, 3a, 5a und 7a. Die Fahrbahnlängsneigung der einzelnen Zufahrten ist nicht bekannt und muss vor der Eingabe in LISA bestimmt werden. Google Earth Pro ermöglicht den Zugriff auf das Höhenprofil des Knotenpunktes. Zur Festlegung eines Wertes, ist die durchschnittliche Steigung zwischen einem Punkt 30 Meter vor und einem Punkt 30 Meter hinter der Haltelinie des betrachteten Fahrweges zu betrachten (4 S. 78). Längsneigungen zwischen -2 Prozent und +2 Prozent sind vernachlässigbar. Die Daten, die in Google Earth erhoben wurden, zeigt Tabelle 4:

Tabelle 4: Bestimmung der Fahrbahnlängsneigung

Richtung	Bemessene Länge	Höhendifferenz	Ø Steigung [%]
Ost	59,95 m	- 0,42 m	- 0,70 %
Süd	60,03 m	- 0,93 m	- 1,55 %
West	60,07 m	+ 0,63 m	+ 1,05 %
Nord	60,03 m	+ 1,64 m	+ 2,73 %

Die Fahrbahnlängsneigungen der Zufahrten Ost, Süd und West weisen Steigungswinkel von unter zwei Prozent auf. Es ist nicht erforderlich deren Steigungen in LISA einzutragen, da eine Fahrbahnlängsneigung in dieser Größenordnung mit dem Faktor 1,0 in die weiteren Berechnungen eingeht (4 S. 78). Dem Fahrstreifen aus nördlicher Richtung wird in LISA eine Fahrbahnlängsneigung von 2,73 Prozent eingetragen. Der nächste Schritt beinhaltet das Einfügen der einzelnen Fahrlinien. Durch Anklicken des Start- und Endpunktes, werden die Fahrlinien automatisch erstellt. Die Fahrbahnlinienbreite und die Art der Verkehrsmittel [hier Kfz und Rad[9]] auf dem jeweiligen Fahrstreifen, werden im Nachgang angepasst. Ebenfalls anzupassen ist der Abbiegeradius der Links- und Rechtsabbieger, um eine realitätsgetreue Fahrbahn abzubilden. Die Abbiegeradien der Fahrlinien werden nun im Eigenschaftsfenster der Fahrstreifen eingegeben. Die dort eingegebenen Werte werden auf halbe Meter abgerundet, um einen kleinen Puffer einzuräumen. Tabelle 5 zeigt die Abbiegeradien, die sich aus den Fahrlinien in LISA ergeben.

Tabelle 5: Abbiegeradien der einzelnen Fahrlinien

Fahrlinie	1a [r.][10]	2a [l.][11]	3a [r.]	4a [l.]	5a [r.]	6a [l.]	7a [r.]	8a [l.]
Abbiegeradius	12,86 m	14,85 m	13,31 m	16,36 m	12,77 m	13,96 m	13,57 m	14,50 m
Gerundet	12,50 m	14,50 m	13,00 m	16,00 m	12,50 m	13,50 m	13,50 m	14,50 m

Ebenfalls in das Eigenschaftenfenster einzutragen ist die Aufstelllänge vor der Furt der Fußgänger. Mit der Funktion „Messen" wird schrittweise die Länge der Fahrbahnlinie bis zur Furt gemessen. Die

---

[9] Das gemeinsame Führen von Kfz- und Radverkehr ist sinnvoll, da so Rotfahrten der Radfahrer vermieden werden. Eine gemeinsame Führung der Radfahrer mit den Fußgängern wird von Seiten der Radfahrer tendenziell weniger akzeptiert. Der Grund dafür sind die Freigabezeitverluste, die durch deren geringere Räumgeschwindigkeit entstehen (7 S. 6).
[10] Rechtsabbieger.
[11] Linksabbieger.

anteilig gemessenen Strecken werden dann aufsummiert und eingetragen. Der Anfangspunkt jeder Messung ist die Haltelinie des Fahrstreifens. Der Endpunkt der Messung ist der näher am Startpunkt liegende Rand der Fußgängerfurt. Die Messergebnisse der Aufstelllängen zeigt Tabelle 6.

Tabelle 6: Aufstelllänge vor der Fußgängerfurt

Fahrlinie	1a [r.][12]	2a [l.][13]	3a [r.]	4a [l.]	5a [r.]	6a [l.]	7a [r.]	8a [l.]
Aufstelllänge vor der Furt	12,25 m	27,50 m	18,50 m	23,00 m	14,50 m	28,00 m	13,10 m	26,65 m

4.1.2 Fußgängerverkehr

Die vier Fußgängerfurten werden über den Button „Furt" erstellt. Zusätzlich ist die Anpassung der eingefügten Furten an den Lageplan notwendig. Es empfiehlt sich, hier mit der Vergrößerungsfunktion zu arbeiten, um eine präzise Abbildung der Furten zu gewährleisten.

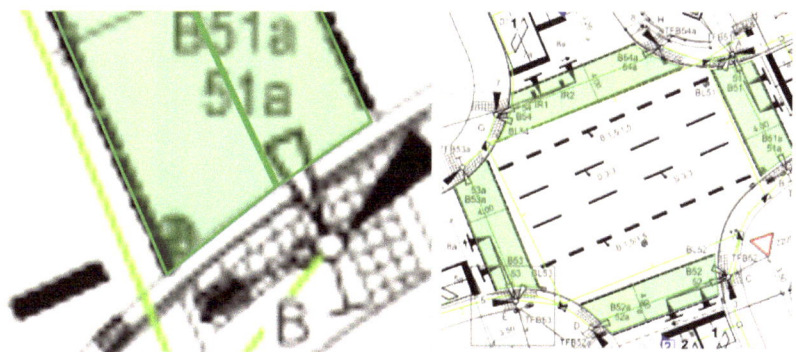

Abbildung 2: Anpassung der Fußgängerfurten

In den Eigenschaften der Furten sind keine weiteren Änderungen erforderlich. Eine progressive LSA-Steuerung der Fußgänger liegt nicht vor.

4.1.3 Signalgruppen

Die Signalgeber aus dem Lageplan können über das grüne Plus im Reiter Signalgruppen eingefügt werden. Dazu ist der entsprechende Fahrstreifen auszuwählen. Die Art des jeweiligen Signalgebers kann dem Lageplan entnommen werden. Beginnend wird allen Kfz-Fahrstreifen ein Signalgeber vom Typ „Kfz (3-feldig)" zugeordnet. Die Signalgeber werden K1 bis K8 benannt. Jeder der vier Fußgängerfurten wird ein Signalgeber vom Typ „Fuß/Rad (2-feldig)" zugeordnet. Die Betitelung der Fußgänger reicht von F51 bis F54. Neben dem Signalgeber „Fuß/Rad (2-feldig)", wird jeder Furt

---

[12] Rechtsabbieger.
[13] Linksabbieger.

noch ein „Blinker (1-feldig)" zugeordnet. Die Blinker BL51 bis BL54 sind ebenfalls als Signal anzulegen. In Summe sind 16 Einträge in den Signalgruppen vorzufinden.

4.1.4 Zusammenfassung

In den Kapitel 4.1.1 bis 4.1.3 wurde der Modellierungsprozess des vorgegebenen Knotenpunktes beschrieben. Knotenarmachsen, Fahrstreifen, Fahrlinien und Furten wurden erstellt und dem Lageplan angepasst. Den Fahrstreifen und den Furten wurden die entsprechenden Signalgruppen und Signalgeber zugewiesen. Die Abbildungen 3 und 4 zeigen den gegenwärtigen Stand in LISA. Bei Abbildung 3 handelt es sich um einen Screenshot direkt aus der Software. Abbildung 4 zeigt die von LISA erstellte Knotenpunktskizze. Die Knotenpunktskizze bildet den Knotenpunkt in vereinfachter Form ab. Dennoch können ihr schnell die wichtigsten Informationen entnommen werden.

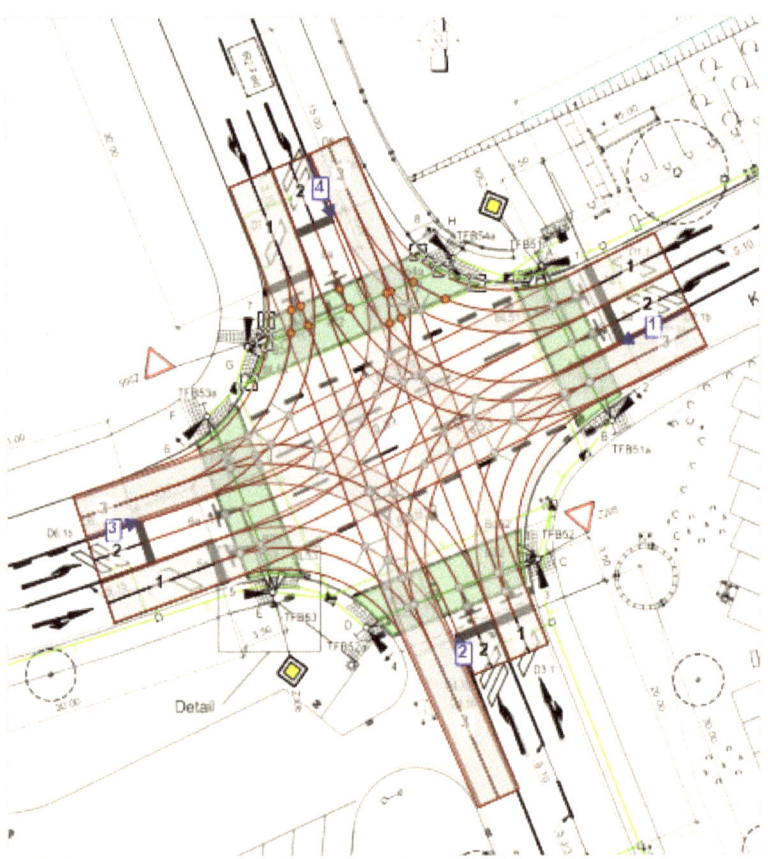

Abbildung 3: Screenshot Knotenpunkt LISA

Lindenallee (L115)/ Karl-Schneider-Str./ Brückenstraße

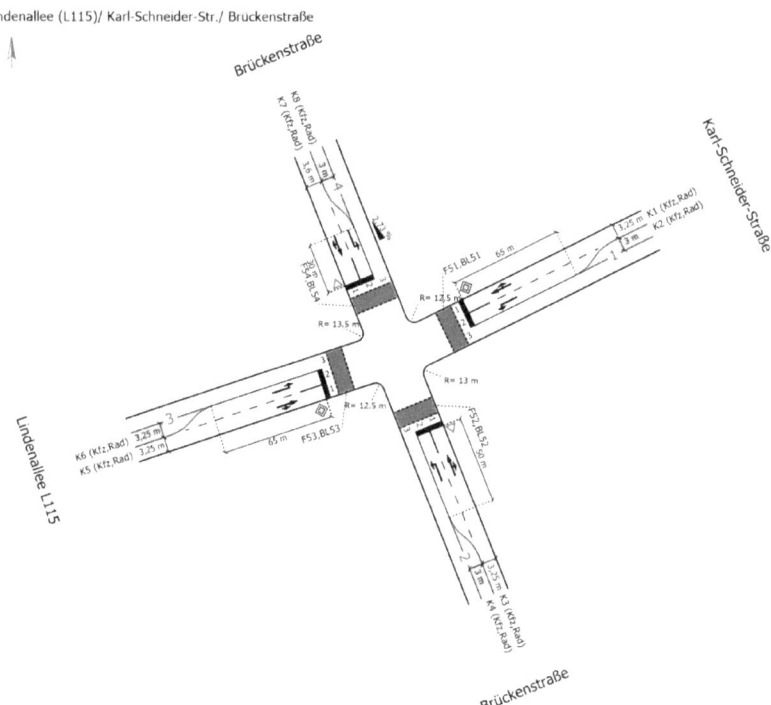

Abbildung 4: Knotenpunktskizze LISA

4.2 Belastungen des Knotenpunktes

Nach Abschluss der Modellierung sind die Fahrzeugbelastungen in LISA einzutragen. Die Belastungswerte werden bereits bei der Eingabe einem Signalprogramm und damit einer relevanten Verkehrszeit zugeordnet. Da noch keine Verkehrszeiten definiert sind, sondern deren Entwurf ein wesentlicher Bestandteil dieser Arbeit ist, wird auf diesen Punkt im folgenden Abschnitt 4.2.1 eingegangen.

4.2.1 Erstellung der Verkehrszeiten

Zur Erstellung der Verkehrszeiten, die den Verkehr aufgrund der vorgegebenen Belastungen bestmöglich bewältigen können, werden die vorgegebenen Werte der Verkehrszählungen herangezogen. Um einen Eindruck zu gewinnen, welche Anzahl an Fahrzeugen zu welcher Zeit unterwegs ist, wird für jedes 15-Minuten-Intervall die Gesamtsumme der auftretenden Fahrzeugbelastungen gebildet. Lastkraftwagen, Sattelzüge und Lieferwagen werden nicht faktorisiert, sondern einem Pkw gleichgestellt. Da für den Radverkehr keine Belastungen vorliegen, wird dieser vernachlässigt. Der Graph in Abbildung 5 zeigt die Verkehrsbelastungen von 00:00 Uhr bis 24:00 Uhr in 15-Minuten-Intervallen. In der Tagesmitte ist ein sägezahnartiger Verlauf zu erkennen. Im zweiten Drittel des Tages zeichnet sich eine deutliche Spitze ab. Angegeben sind die y-Werte in Anzahl Kfz.

Abbildung 5: Verkehrsbelastung eines Tags in Kfz je 15 Minuten

Um den Anfangspunkt und den Endpunkt der Spitzenstunde(n) zu bestimmen, werden jeweils vier 15-Minuten-Intervalle zu einer Stunde zusammengefasst [00:00-01:00, 00:15-01:15, ...]. Aus der daraus resultierenden Tagesganglinie sind die Zeiten für die späteren Signalprogramme abgelesen.

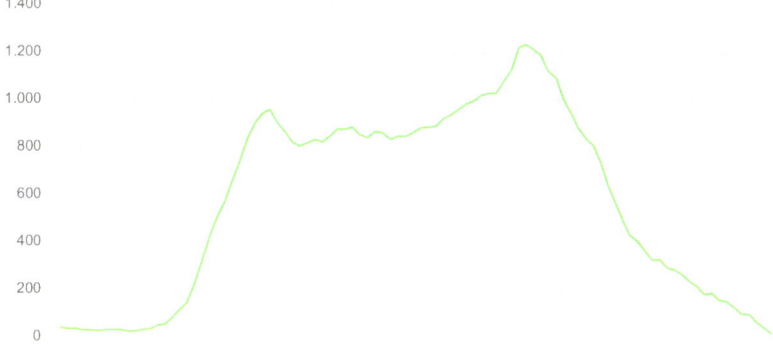

Abbildung 6: Tagesganglinie in Kfz je Stunde

Die sich aus der Tagesganglinie ergebenden zwei Hochpunkte sind in Abbildung 6 zu sehen. Jeder der Hochpunkte signalisiert eine Spitzenstunde. Die erste Spitzenstunde geht von 07:00 Uhr bis 08:00 Uhr. In diesem Zeitintervall ist mit einem durchschnittlichen Verkehrsaufkommen von 957 Kfz zu rechnen. Die zweite Spitzenstunde beginnt um 15:30 Uhr und endet um 16:30 Uhr. Das durchschnittliche Verkehrsaufkommen beträgt hier 1.237 Kfz pro Stunde. Um zu prüfen, ob die vier Zufahrten einen ähnlichen Verlauf in der Tagesganglinie aufweisen, wird das gleiche Vorgehen auf jede der vier Zufahrten angewendet.

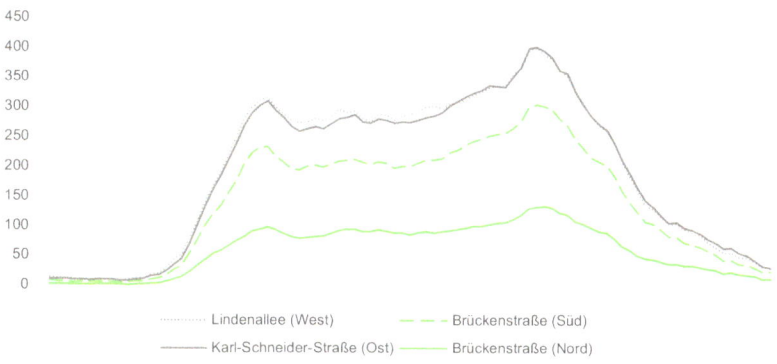

Abbildung 7: Tagesganglinie in Kfz je Zufahrt je Stunde

Abbildung 7 zeigt, dass es Unterschiede bei den Verkehrsstärken der einzelnen Zufahrten gibt. Während die Brückenstraße (Nord) nur kurzzeitig von mehr als 100 Kfz/ Stunde befahren wird, ist bei den anderen Zufahrten eine dauerhaft höhere Auslastung abzulesen. Dennoch ist der Kurvenverlauf bei allen Zufahrten ähnlich. Die Ähnlichkeit im Kurvenverlauf spricht für die Einführung von Spitzenprogrammen zu den besagten Zeiten.

Aus den in Excel ausgewerteten Daten werden folgende Verkehrszeiten in LISA hinzugefügt:

-04:15-07:00

-07:00-08:00 (Morgenspitze)

-08:00-15:30

-15:30-16:30 (Mittagsspitze)

-16:30-22:00

-22:00-04:15

4.2.2 Maßgebende Bemessungsverkehrsstärke

Anschließend erfolgt die Eintragung der Fahrzeug- und Fußgängerbelastungen. In LISA sind die **maßgebenden** Bemessungsverkehrsstärken einzutragen. Damit ist garantiert, dass das jeweilige Signalprogramm im gesamten Zeitraum funktionsfähig ist. Die Bemessungsverkehrsstärke wird in Fahrzeugen pro Stunde angegeben und nach Fahrzeuggruppen unterteilt. Je Verkehrsstrom wird die höchstmögliche Summe eingetragen, die innerhalb einer Verkehrszeit auftreten kann. Die am Knotenpunkt geltenden Bemessungsverkehrsstärken sind dem Anhang zu entnehmen.

4.2.3 Zusammenfassung

Um die für den Knotenpunkt geltenden Verkehrsbelastungen in LISA eintragen zu können, mussten zunächst Verkehrszeiten definiert werden. Die Verkehrsbelastungen eines Tages wurden mithilfe einer Tagesganglinie dargestellt. Durch die Abbildung der Tagesganglinien jeder Knotenpunktzufahrt, konnte der Verlauf der knotenpunktübergreifenden Tagesganglinie verifiziert werden. Aus dieser Tagesganglinie wurden sechs Verkehrszeiten gebildet. Bei zwei der Verkehrszeiten handelt es sich um Lastspitzen. Um die Leistungsfähigkeit der Signalprogramme garantieren zu können, wurden die maßgebenden Bemessungsverkehrsstärken bestimmt und LISA zugrunde gelegt.

4.3 Signalgruppen

Im Reiter Signalgruppen erstellt LISA eine vorgefertigte Tabelle, mit allen Signalgebern des Knotenpunktes. Die Tabelle ist zu überprüfen und gegebenenfalls anzupassen.

Name	Typ	ID-Nr.	Signalisierte Ströme	Progressiv	Teil-knoten	Symbol	tf_{min}	tf_{max}	ts_{min}	ts_{max}	Anwurf	Abwurf	Vmax [km/h]	Aus = Frei	Farbbild Aus Gelb-Blk	Verkehrsart
1	K1	Kfz (3-feldig)	1	Arm 1 -> 3,4	-	TK 1		10	-	-	-	Rotgelb 1s	Gelb 3s	-	-	Dunkel	Kfz-Rad
2	K2	Kfz (3-feldig)	2	Arm 1 -> 2	-	TK 1		10	-	-	-	Rotgelb 1s	Gelb 3s	-	-	Dunkel	Kfz-Rad
3	K3	Kfz (3-feldig)	3	Arm 2 -> 1,4	-	TK 1		10	-	-	-	Rotgelb 1s	Gelb 3s	-	-	Dunkel	Kfz-Rad
4	K4	Kfz (3-feldig)	4	Arm 2 -> 3	-	TK 1		10	-	-	-	Rotgelb 1s	Gelb 3s	-	-	Dunkel	Kfz-Rad
5	K5	Kfz (3-feldig)	5	Arm 3 -> 1,2	-	TK 1		10	-	-	-	Rotgelb 1s	Gelb 3s	-	-	Dunkel	Kfz-Rad
6	K6	Kfz (3-feldig)	6	Arm 3 -> 4	-	TK 1		10	-	-	-	Rotgelb 1s	Gelb 3s	-	-	Dunkel	Kfz-Rad
7	K7	Kfz (3-feldig)	7	Arm 4 -> 2,3	-	TK 1		10	-	-	-	Rotgelb 1s	Gelb 3s	-	-	Dunkel	Kfz-Rad
8	K8	Kfz (3-feldig)	8	Arm 4 -> 1	-	TK 1		10	-	-	-	Rotgelb 1s	Gelb 3s	-	-	Dunkel	Kfz-Rad
9	F51	Fuß/Rad (2-feldig)	13	Arm 1 (quer.): QS1	-	TK 1		5	-	-	-	-	-	-	-	Dunkel	Fußg.
10	F52	Fuß/Rad (2-feldig)	14	Arm 2 (quer.): QS1	-	TK 1		5	-	-	-	-	-	-	-	Dunkel	Fußg.
11	F53	Fuß/Rad (2-feldig)	15	Arm 3 (quer.): QS1	-	TK 1		5	-	-	-	-	-	-	-	Dunkel	Fußg.
12	F54	Fuß/Rad (2-feldig)	16	Arm 4 (quer.): QS1	-	TK 1		5	-	-	-	-	-	-	-	Dunkel	Fußg.
13	BL51	Blinker (1-feldig)	9	Arm 1 (quer.): QS1	-	TK 1		-	-	-	-	-	-	-	-	Dunkel	Fußg.
14	BL52	Blinker (1-feldig)	10	Arm 2 (quer.): QS1	-	TK 1		-	-	-	-	-	-	-	-	Dunkel	Fußg.
15	BL53	Blinker (1-feldig)	11	Arm 3 (quer.): QS1	-	TK 1		-	-	-	-	-	-	-	-	Dunkel	Fußg.
16	BL54	Blinker (1-feldig)	12	Arm 4 (quer.): QS1	-	TK 1		-	-	-	-	-	-	-	-	Dunkel	Fußg.

Abbildung 8: Reiter Signalgruppen

Die voreingestellten Symbole der Blinker (1-feldig) gleichen den Symbolen der Fußgängerfurten. Die voreingestellten Blinkersymbole werden durch schwarze Punkte substituiert. Auch die minimalen Freigabezeiten [tf_{min}] sind anzupassen. Voreingestellt ist eine minimale Freigabezeit von zehn Sekunden für alle Kfz-Ströme und fünf Sekunden für die Signalgeber der Fußgängerfurten. Die zehn Sekunden der Nebenrichtungen werden auf fünf Sekunden reduziert [Anwendung nach RiLSA, nicht nach Schnabel/ Lohse]. Die Linksabbiegestreifen der Vorfahrtsstraße werden einer Nebenrichtung gleichgesetzt. Die minimale Freigabezeit der Fußgänger wird manuell berechnet. Dazu wird die Länge der jeweiligen Fußgängerfurt im Lageplan gemessen und mit 0,5 multipliziert [Ergebnis: halbe Furtlänge]. Anschließend wird die halbe Furtlänge durch die Räumgeschwindigkeit von 1,2 Metern pro Sekunde dividiert. Eine Blindensignalisierung [Berücksichtigung der gesamten Furtlänge] ist nicht vorgesehen. Werden Freigabezeiten von unter fünf Sekunden berechnet, sind diese auf fünf Sekunden zu erhöhen. Nachkommastellen werden auf volle Sekunden aufgerundet.

Tabelle 7: Minimale Freigabezeit der Fußgänger

Fußgängerfurt	Gemessene Länge	*0,5	/ 1,2 [m/s]	tf_{min}
F51	10,70 m	5,35 m	4,5 s	5 s
F52	12,00 m	6,00 m	5,0 s	5 s
F53	11,74 m	5,87 m	4,9 s	5 s
F54	14,70 m	7,35 m	6,1 s	7 s

Die Werte in den Spalten „Anwurf" und „Abwurf" der Abbildung 8 werden nicht verändert. Sowohl die eingetragene Rotgelbzeit von einer Sekunde als auch die Gelbzeit von drei Sekunden, ist richtig ausgelegt (5 S. 220). In der Spalte Vmax [km/h] werden die vorgegebenen Höchstgeschwindigkeiten eingetragen [Ost/ West/ Nord = 50 km/h, Süd = 30 km/h]. In der Spalte „Aus = Frei" wird die Hauptrichtung definiert. Dazu ist bei K1 und K5 ein X zu setzen. In der Spalte „Farbbild Aus Gelb-Blk" sind alle Signalgruppen mit „Dunkel" ausgefüllt. Hier ist für die Verkehrsströme der Nebenrichtung [K3 und K7] ein „Gelbblinken" einzufügen. Die Linksabbieger bei K3 und K7 haben sich in dem Fall nach den Signalgebern der Geradeausfahrer und Rechtsabbieger zu richten. Eine Umstellung auf „Gelbblinken" ist dort nicht erforderlich.

Name	Typ	ID-Nr.	Signalisierte Ströme	Progressiv	Teil-knoten	Symbol	tf_min	tf_max	ts_min	ts_max	Anwurf	Abwurf	Vmax [km/h]	Aus = Frei	Farbbild Aus Gelb-Blk	Verkehrsart
1 K1	Kfz (3-feldig)	1	Arm 1 -> 3,4	-	TK 1	↙	10	-	-	-	Rotgelb 1s	Gelb 3s	50	X	Dunkel	Kfz/Rad
2 K2	Kfz (3-feldig)	2	Arm 1 -> 2	-	TK 1	↰	5	-	-	-	Rotgelb 1s	Gelb 3s	50	-	Dunkel	Kfz/Rad
3 K3	Kfz (3-feldig)	3	Arm 2 -> 1,4	-	TK 1	↖	5	-	-	-	Rotgelb 1s	Gelb 3s	30	-	Gelbblinken	Kfz/Rad
4 K4	Kfz (3-feldig)	4	Arm 2 -> 3	-	TK 1	↷	5	-	-	-	Rotgelb 1s	Gelb 3s	30	-	Dunkel	Kfz/Rad
5 K5	Kfz (3-feldig)	5	Arm 3 -> 1,2	-	TK 1	↑	10	-	-	-	Rotgelb 1s	Gelb 3s	50	X	Dunkel	Kfz/Rad
6 K6	Kfz (3-feldig)	6	Arm 3 -> 4	-	TK 1	↳	5	-	-	-	Rotgelb 1s	Gelb 3s	50	-	Dunkel	Kfz/Rad
7 K7	Kfz (3-feldig)	7	Arm 4 -> 2,3	-	TK 1	↘	5	-	-	-	Rotgelb 1s	Gelb 3s	50	-	Gelbblinken	Kfz/Rad
8 K8	Kfz (3-feldig)	8	Arm 4 -> 1	-	TK 1	↴	5	-	-	-	Rotgelb 1s	Gelb 3s	50	-	Dunkel	Kfz/Rad
9 FS1	Fuß/Rad (2-feldig)	13	Arm 1 (quer.): QS1	-	TK 1	↘	5	-	-	-	.	.	.	-	Dunkel	Fußg.
10 FS2	Fuß/Rad (2-feldig)	14	Arm 2 (quer.): QS1	-	TK 1	↙	5	-	-	-	.	.	.	-	Dunkel	Fußg.
11 FS3	Fuß/Rad (2-feldig)	15	Arm 3 (quer.): QS1	-	TK 1	↖	5	-	-	-	.	.	.	-	Dunkel	Fußg.
12 FS4	Fuß/Rad (2-feldig)	16	Arm 4 (quer.): QS1	-	TK 1	↗	7	-	-	-	.	.	.	-	Dunkel	Fußg.
13 BL51	Blinker (1-feldig)	9	Arm 1 (quer.): QS1	-	TK 1	.	-	-	-	-	.	.	.	-	Dunkel	Fußg.
14 BL52	Blinker (1-feldig)	10	Arm 2 (quer.): QS1	-	TK 1	.	-	-	-	-	.	.	.	-	Dunkel	Fußg.
15 BL53	Blinker (1-feldig)	11	Arm 3 (quer.): QS1	-	TK 1	.	-	-	-	-	.	.	.	-	Dunkel	Fußg.
16 BL54	Blinker (1-feldig)	12	Arm 4 (quer.): QS1	-	TK 1	.	-	-	-	-	.	.	.	-	Dunkel	Fußg.

Abbildung 9: Reiter Signalgruppe [modifiziert]

4.4 Ausrüstung und Detektoren

Im Reiter Ausrüstung sind alle Signalgeber aufgelistet. In den Signalgebereigenschaften sind die Maske und der Durchmesser einiger Signalgeber anzupassen. Informationen hierzu gibt der vorgegebene Lageplan.

Sig.-Art	K	K	K	K	BL	FU	B
Sig.-Nr.	1 3 5 7	1a 3a 5a 7a	2 4 6 8	2a 4a 6a 8a	51 52 53 54	51,51a 52,52a 53,53a 54,54a	51,51a 52,52a 53,53a 54,54a
Blende	🔴🟡🟢	🔴🟡🟢	←←←	←←←	🚶	🚦	3. Kammer im FU Signal
Anzahl	4	4	4	4	4	8	8
Ø (mm)	200	300	200	300	300	200	mit akustischer Freigabe für Blinde
K.-Blende		x		x			

Abbildung 10: Vorgaben Signalgeber

K1a bis K8a sind in Lisa nicht aufgelistet. K2, K4, K6 und K8 wird ein Linksabbiegepfeil in die Maske eingetragen. Die Masken und die Durchmesser [300mm] der Blinker BL51 bis BL54 werden angepasst.

In LISA können Detektoren mit in die Planung aufgenommen werden. Es gibt verschiedene Detektortypen. Detektoren haben das Ziel, Verkehrsdaten zu sammeln und die LSA auf den gerade anfallenden Verkehr anzupassen. Diese Form der LSA-Steuerung wird verkehrsabhängige Steuerung genannt. Da in dieser Arbeit alle Signalprogramme zeitgesteuert sind, wird auf den Einsatz und das Einfügen von Detektoren in LISA verzichtet.

4.5 Unverträglichkeiten

Unverträglichkeiten werden in LISA in einer Matrix dargestellt. Eine Unverträglichkeit ist in die Matrix einzutragen, wenn ein nichtverträglicher Verkehrsstrom vorliegt. Die Linksabbieger des Knotenpunktes werden getrennt von den Geradeausfahrern und Rechtsabbiegern geführt, da es zu viele Konfliktflächen gibt. Die Möglichkeit, dass die Linksabbieger bei gleichzeitiger Führung mit dem Geradeaus- und Rechtsverkehr und den parallel verlaufenden Furten einen Verkehrsteilnehmer übersehen ist gegeben (3 S. 13). Weiterhin wird die getrennte Führung der Linksabbieger schon im Lageplan angedeutet, da sowohl ein gesonderter Fahrstreifen als auch der entsprechende Signalgeber vorhanden ist. Der gesonderte Fahrstreifen mit Richtungspfeilen ist nach der RiLSA eine Grundvoraussetzung für die getrennte Signalisierung (3 S. 13). Unter der Annahme dieser Prämissen ergibt sich folgende Matrix.

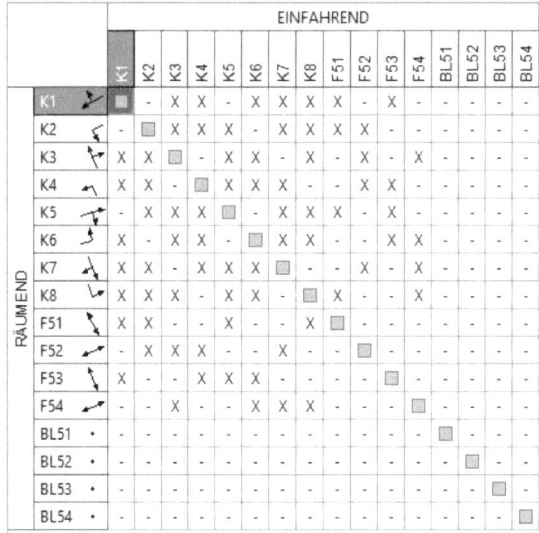

		EINFAHREND														
		K1	K2	K3	K4	K5	K6	K7	K8	F51	F52	F53	F54	BL51	BL52	BL53	BL54
RÄUMEND	K1	■	-	X	X	-	X	X	X	X	-	X	-	-	-	-	-
	K2	-	■	X	X	X	-	X	X	X	X	-	-	-	-	-	-
	K3	X	X	■	-	X	X	-	X	-	X	-	X	-	-	-	-
	K4	X	X	-	■	X	X	X	-	-	X	X	-	-	-	-	-
	K5	-	X	X	X	■	-	X	X	X	-	X	-	-	-	-	-
	K6	X	-	X	X	-	■	X	X	-	-	X	X	-	-	-	-
	K7	X	X	-	X	X	X	■	-	-	X	-	X	-	-	-	-
	K8	X	X	X	-	X	X	-	■	X	-	-	X	-	-	-	-
	F51	X	X	-	-	X	-	-	X	■	-	-	-	-	-	-	-
	F52	-	X	X	X	-	-	X	-	-	■	-	-	-	-	-	-
	F53	X	-	-	X	X	X	-	-	-	-	■	-	-	-	-	-
	F54	-	-	X	-	-	X	X	X	-	-	-	■	-	-	-	-
	BL51	-	-	-	-	-	-	-	-	-	-	-	-	■	-	-	-
	BL52	-	-	-	-	-	-	-	-	-	-	-	-	-	■	-	-
	BL53	-	-	-	-	-	-	-	-	-	-	-	-	-	-	■	-
	BL54	-	-	-	-	-	-	-	-	-	-	-	-	-	-	-	■

Abbildung 11: Matrix der Unverträglichkeiten

Blinkern wird keine Unverträglichkeit zugewiesen. Ein Indiz, das für die Richtigkeit einer solchen Matrix spricht, ist die Symmetrie entlang der ausgegrauten Kacheln. Die Symmetrie kann durch LISA geprüft werden.

4.6 Berechnung der Zwischenzeiten

Aus welchen Parametern sich die Zwischenzeit zusammensetzt, wurde im Grundlagenkapitel behandelt [2.4.4]. In LISA werden die Zwischenzeiten automatisch generiert und ebenfalls in einer Matrix dargestellt. Die Zwischenzeitenmatrix gleicht der Unverträglichkeitenmatrix im Aufbau. Die Matrix der Zwischenzeiten ist in Abbildung 12 zu sehen.

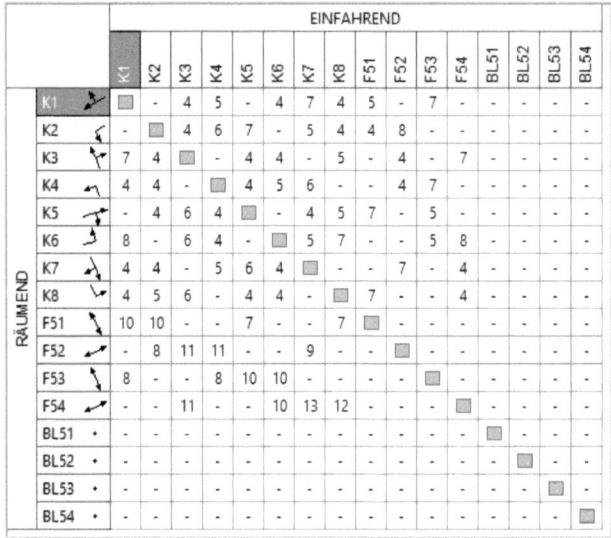

		K1	K2	K3	K4	K5	K6	K7	K8	F51	F52	F53	F54	BL51	BL52	BL53	BL54
	K1	□	-	4	5	-	4	7	4	5	-	7	-	-	-	-	-
	K2	-	□	4	6	7	-	5	4	4	8	-	-	-	-	-	-
	K3	7	4	□	-	4	4	-	5	-	4	-	7	-	-	-	-
	K4	4	4	-	□	4	5	6	-	-	4	7	-	-	-	-	-
	K5	-	4	6	4	□	-	4	5	7	-	5	-	-	-	-	-
	K6	8	-	6	4	-	□	5	7	-	-	5	8	-	-	-	-
RÄUMEND	K7	4	4	-	5	6	4	□	-	-	7	-	4	-	-	-	-
	K8	4	5	6	-	4	4	-	□	7	-	-	4	-	-	-	-
	F51	10	10	-	-	7	-	-	7	□	-	-	-	-	-	-	-
	F52	-	8	11	11	-	-	9	-	-	□	-	-	-	-	-	-
	F53	8	-	-	8	10	10	-	-	-	-	□	-	-	-	-	-
	F54	-	-	11	-	-	10	13	12	-	-	-	□	-	-	-	-
	BL51	·	-	-	-	-	-	-	-	-	-	-	-	□	-	-	-
	BL52	·	-	-	-	-	-	-	-	-	-	-	-	-	□	-	-
	BL53	·	-	-	-	-	-	-	-	-	-	-	-	-	-	□	-
	BL54	·	-	-	-	-	-	-	-	-	-	-	-	-	-	-	□

(EINFAHREND – Spaltenüberschrift)

Abbildung 12: Matrix der Zwischenzeiten

4.7 Phasen und Phasenübergänge

Da der betrachtete Knotenpunkt das gesicherte Führen aller Linksabbieger vorsieht, sind eine Zweiphasen- und eine Dreiphasensteuerung nicht realisierbar. Es wird ein Vierphasensystem gewählt. Durch Anwendung der Formeln 2 und 3 aus dem Grundlagenkapitel 2.3 ergeben sich für den Knotenpunkt sechs mögliche Phasenfolgen und zwölf mögliche Phasenwechsel. Abbildung 13 zeigt die vier in LISA erstellten Phasen und die daraus resultierenden zwölf möglichen Phasenwechsel.

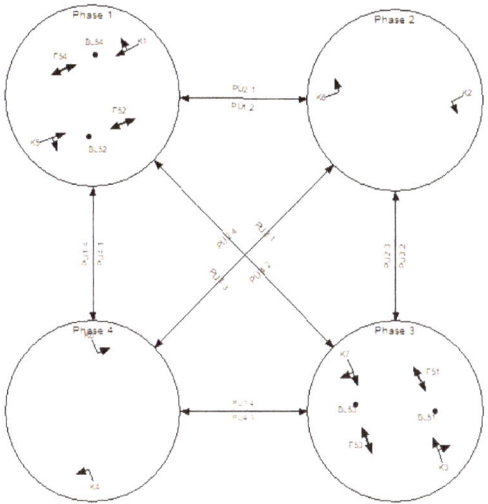

Abbildung 13: Darstellung der Phasen und der Phasenübergänge

Die Phasenübergänge werden automatisiert in LISA erstellt. Als Ausgabe erhält der Anwender eine grafische Darstellung für jeden Phasenübergang. Abbildung 14 zeigt beispielhaft den Phasenübergang von Phase 1 in Phase 2.

PÜ 1.2

Signal- gruppe		An	Ab	TF	0 TU=15 10
K1			0	0	
K2		9		5	
K3				0	
K4				0	
K5			0	0	
K6		9		5	
K7				0	
K8				0	
F51				0	
F52			0	0	
F53				0	
F54			0	0	
BL51	•			0	
BL52	•		5	5	
BL53	•			0	
BL54	•		7	7	

Abbildung 14: Phasenübergang 1.2

Diese Grafiken sind vor der Verwendung auf Richtigkeit zu überprüfen und gegebenenfalls zu modifizieren. Beim betrachteten Knotenpunkt werden die Abwurfzeiten der Ströme auf den Wert 0 angepasst. Bei den Blinkern (1-feldig) ist eine Anpassung der Nachblinkzeit erforderlich. Die Nachblinkzeit entspricht der Räumzeit der Fußgänger. Die Räumzeit ergibt sich aus dem „Weg zwischen dem Beginn der Furt und dem Ende der Konfliktfläche, gemessen in der Mitte der Furt" und der Räumgeschwindigkeit von 1,2 Metern pro Sekunde (3 S. 26). Der Zeitwert wird auf volle Sekunden aufgerundet. In den Phasen 1 und 3 werden Kfz- und Fußgängerströme gleichzeitig freigegeben. Der Startpunkt der Freigabezeit der Fußgänger wird dem der Kfz-Ströme um mindestens eine Sekunde vorangestellt. Durch die frühere Freigabe der Fußgänger werden diese nicht dazu verleitet, während der Sperrzeit über ROT zu gehen (3 S. 18). Die Gelbzeiten der Kfz-Ströme sind bei der Konfiguration ebenso einzuhalten wie die Zwischenzeiten. Nach der Überarbeitung der Phasenübergänge wird mit der Erstellung der Signalzeitenpläne begonnen.

4.8 Signalzeitenpläne

Auch Signalzeitenpläne können in LISA automatisch berechnet werden. Hierzu wird eine Belastung ausgewählt, die Berechnungsoption auf „LISA Standard" gesetzt und ein maximaler Sättigungsgrad eingegeben. Der zulässige Auslastungsgrad darf im Intervall zwischen 80 Prozent und 90 Prozent liegen (7 S. 8). Da in den Prämissen ausdrücklich von stagnierenden Verkehrsstärken ausgegangen wird, entscheidet sich der Autor für einen Auslastungsgrad von 90%. In Lisa wird der Wert 0,9 eingegeben. Eine Umlaufzeit wird nur in den Spitzenprogrammen vorgegeben. Aufgrund der gemeinsamen Koordinierung mit der benachbarten Fußgängerampel in den Spitzenzeiten, ist die Umlaufzeit dort auf 90 Sekunden festzusetzen [Umlaufzeit der Spitzenprogramme der benachbarten LSA]. Als Bewertungsmethode wird die HBS-Bewertung 2015 gewählt. Existierende Phasenübergänge werden verwendet. Die bestmöglichen Phasenfolgen für die vorhandenen Verkehrszeiten sind in Tabelle 8 aufgezeigt.

Tabelle 8: Optimale Phasenfolgen

Name	Verkehrszeit	Optimale Phasenfolge	Wartezeit	Umlaufzeit
SZP1	04:15-07:00	1-2-3-4	28,05 s	73 s
SZP2	07:00-08:00	1-2-3-4	32,21 s	90 s
SZP3	08:00-15:30	1-2-3-4	33,90 s	80 s
SZP4	15:30-16:30	1-2-3-4	37,13 s	90 s
SZP5	16:30-22:00	1-2-3-4	33,88 s	80 s
SZP6	22:00-04:15	1-2-3-4	22,16 s	60 s

Weiterhin sind für jeden erstellten Signalzeitenplan die Sonderpunkte [AP/EP/UP] zu definieren. Sie werden mittig der ersten Phase im jeweiligen Signalzeitplan angebracht. Die qualitätstechnische Bewertung der Signalzeitenpläne erfolgt durch LISA. Welche Verkehrsqualitäten in welchem Signalprogramm ermittelt wurden, zeigt Tabelle 9.

Tabelle 9: Bewertung der Verkehrsqualität der Signalzeitenpläne

QSV	K1	K2	K3	K4	K5	K6	K7	K8	F51	F52	F53	F54
SZP1	B	B	B	C	B	B	B	B	D	C	D	C
SZP2	B	D	C	D	B	C	B	C	E	D	E	D
SZP3	B	C	C	C	B	C	B	B	D	C	D	C
SZP4	B	D	C	D	B	C	B	C	D	D	D	D
SZP5	B	C	C	C	B	C	B	B	D	D	D	D
SZP6	A	B	B	B	A	B	B	B	C	C	C	C

In allen Signalzeitenplänen wird die Qualitätsstufe D für den Kfz-Verkehr eingehalten. Allerdings fallen die Qualitätsstufen des Fußgängerverkehrs deutlich schlechter aus als die des Kfz-Verkehrs. Die langen Wartezeiten des Fußgängerverkehrs bergen die Gefahr von bewusst durchgeführten Rotlichtmissachtungen. Gerade in der Spitzenstunde von 07:00 Uhr bis 08:00 Uhr trifft die problematische Wartezeit der Fußgänger auf eine erhöhte Fahrzeugbelastung. Die Wartezeit der Fußgängerströme, die die Qualitätsstufe E erhalten haben, wird in LISA mit 71 Sekunden ausgewiesen. Um die Qualitätsstufe D zu erreichen sind höchsten 70 Sekunden zu akzeptieren [siehe Grundlagenkapitel]. Durch das Verändern der Freigabezeiten im SZP 2 soll die Qualitätsstufe D erreicht werden. Abbildung 15 zeigt den SZP2. Der Spalte rechts im Bild können die Qualitätsstufen entnommen werden.

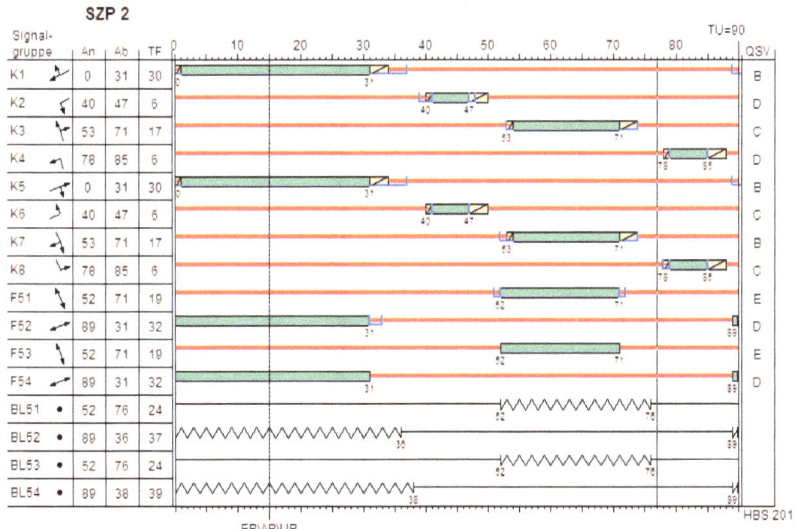

Abbildung 15 SZP2

Um die Wartezeit der Fußgänger an den Furten F51 und F53 um eine Sekunde zu verkürzen, wird deren Freigabezeit um eine Sekunde erhöht. Zum Ausgleich wird den Verkehrsteilnehmern der Zufahrten K4 und K8 eine Sekunde der Freigabezeit genommen. Die Blinker BL51 und BL53 werden an die neuen Freigabezeiten der Fußgänger angepasst. Abbildung 16 zeigt SZP2 nach der Durchführung der hier beschriebenen Schritte.

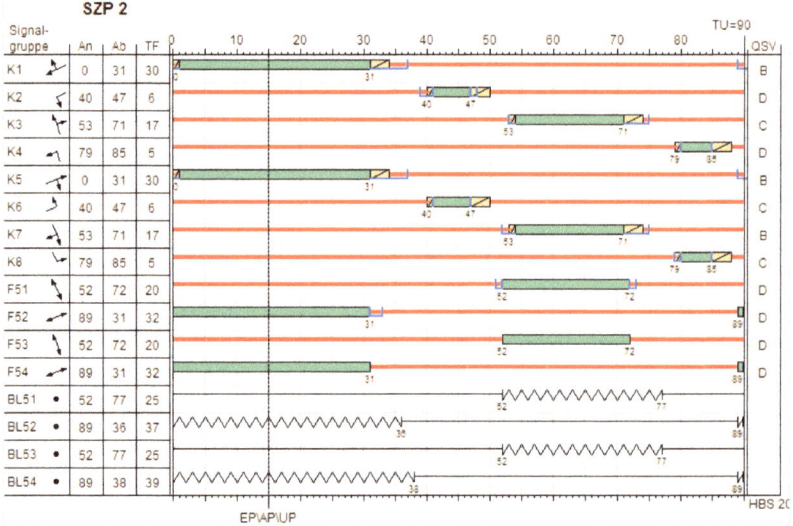

Abbildung 16: SZP2 [modifiziert]

Durch die Anpassung der Freigabezeit der Fußgänger im SZP2, ist knotenpunktübergreifend eine ausreichende Qualität des Verkehrsablaufs gegeben. Die Qualitätsstufen der Kfz-Ströme K4 und K8 haben sich durch die verkürzte Freigabezeit nicht verschlechtert.

Im nächsten Schritt werden Einschaltprogramm und Ausschaltprogramm generiert. Bei beiden Programmen ermöglicht LISA die automatische Erstellung. Es ist darauf zu achten, dass die Zielbilder in den Signalzeitenplänen identisch sind. Beide Programme sind zusammen mit den übrigen Signalzeitenplänen dem Anhang zu entnehmen. Im letzten Schritt ist zu prüfen, ob das Ein- und das Ausschaltprogramm in den Eigenschaften der übrigen Signalzeitenplänen hinterlegt sind. Gegebenenfalls sind diese nachträglich einzufügen.

4.9 Koordinierung LSA 400 und LSA 401

Unter dem Begriff Koordinierung ist die zeitliche Abstimmung von aufeinanderfolgenden Lichtsignalanlagen zu verstehen. Koordinierungen bieten den Vorteil, dass den betroffenen Verkehrsteilnehmern das Passieren mehrerer LSA ohne Halt ermöglicht wird. Das wiederum verringert die Reisezeit der Verkehrsteilnehmer und den Kraftstoffverbrauch von motorisierten Fahrzeugen. Insgesamt wird durch einen koordinierten Verkehr die Gesamtoptimierung des Straßennetzes angestrebt (3 S. 43).

4.9.1 Randbedingungen RiLSA

An den Knotenpunkten, an denen eine Koordinierung geplant ist, muss eine gleich hohe Umlaufzeit gegeben sein. Darüber hinaus muss der tatsächliche Auslastungsgrad geringer als 0,85 sein. Ansonsten ist kann keine gute Qualität der Koordinierung erzielt werden (3 S. 44). Die Progressionsgeschwindigkeit[14] V_p sollte zwischen 90% und 100% der zulässigen Höchstgeschwindigkeit liegen. Geschwindigkeitsverringernde Faktoren [Anteil Schwerverkehr, Kurvenradius, etc.] sind beim Entwurf zu beachten (3 S. 44).

4.9.2 Schritte in LISA

Die Modellierung der LSA 401 entfällt in dieser Arbeit, da dem Autor bereits die entsprechende LISA-Importdatei zur Verfügung steht. Dateien können im Reiter LISA mit dem Button „Importieren von Daten (Automatische Datentyperkennung)" in das Programm eingefügt werden. Nach dem Import werden beide Knotenpunkte untereinander angezeigt, wenn die Bezeichnungen der Orte identisch sind.

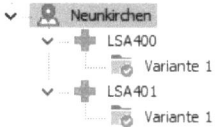

Abbildung 17: Import der LSA 401

Die vorgenommene Bemaßung in der importierten Datei, die eingefügten Fahrlinien und die Eigenschaften wurden geprüft und vom Autor für gut empfunden. Um beide Knotenpunkte durch eine Koordinierung miteinander zu verbinden, wird eine neue Koordinierungsvariante im Reiter LISA hinzugefügt. Als Knotenpunktvarianten für die Koordinierung sind die entsprechenden Knotenpunkte auszuwählen. Nachdem die neue Koordinierung angelegt wurde, kann im Reiter „Planung" der Button „Koordinierung" ausgewählt werden. Es öffnen sich zwei Tabellen. Die erste Tabelle ist mit der Hauptrichtung und der Gegenrichtung der LSA 400 und der LSA 401 zu befüllen. In der zweiten Tabelle sind die Abstände der Hauptrichtung und der Gegenrichtung zwischen den Knotenpunkten einzutragen. Folgende Eingaben wurden in den Tabellen gemacht.

---

[14] Steigung der Mittellinie eines Grünbandes (3 S. 44).

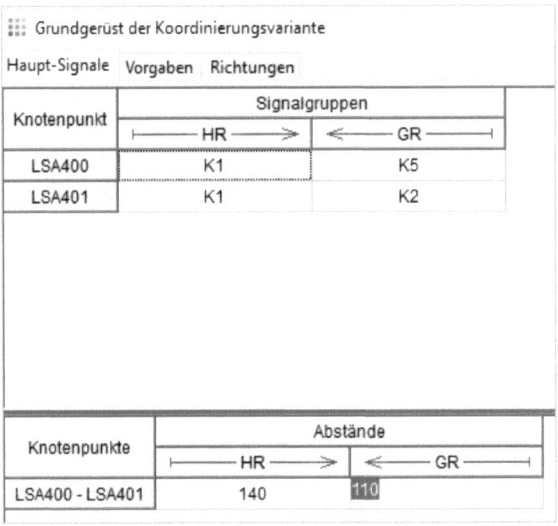

| Grundgerüst der Koordinierungsvariante | | | |

Haupt-Signale Vorgaben Richtungen

Knotenpunkt	Signalgruppen	
	⊢——— HR ———⇒	⇐——— GR ———⊣
LSA400	K1	K5
LSA401	K1	K2

Knotenpunkte	Abstände	
	⊢——— HR ———⇒	⇐——— GR ———⊣
LSA400 - LSA401	140	110

Abbildung 18: Grundgerüst der Koordinierungsvariante

In den Reitern „Vorgaben" und „Richtungen" werden in diesem Beispiel keine Veränderungen vorgenommen. Nach der Bestätigung der Eingaben erscheint die neue Koordinierung. Die erste Koordinierung wird in „Morgenspitze" umbenannt. Danach werden die Belastungen hinzugefügt. Es ist darauf zu achten, dass bei beiden Knotenpunkten die Spitzenbelastung [in diesem Fall die Morgenspitze] ausgewählt ist. Die Eingaben sind zu bestätigen. Mit den eingefügten Belastungen kann die Koordinierung bewertet werden. Mit der Tastenkombination Strg + B wird die ausgewählte Koordinierung mit dem Performance-Index bewertet. Für die Morgenspitze liegt ein PI von 4,3 vor. Durch Verschieben der SZP kann der PI beeinflusst werden. LISA bietet mit der Funktion „Kombinatorische Optimierung" die Möglichkeit, die SZP so zu verschieben, dass der bestmögliche PI ermittelt wird. Nach der Anwendung dieser Funktion konnte der PI auf 3,5 gesenkt werden. Zusätzlich kann eine analytische Optimierung durchgeführt werden. Die analytische Optimierung erzeugt ein neues Weg-Zeit-Diagramm[15]. Zu Beginn der Analytischen Optimierung sind die Belastungen je Knotenpunkt auszuwählen. Anschließend wird die Optimierungsrichtung [Hauptrichtung oder Gegenrichtung] gewählt. Die Analytische Optimierung konzentriert sich auf die Optimierung der einen ausgewählten Richtung. Die andere Richtung wird lediglich an die Richtung angepasst, die zuvor priorisiert wurde.

Als Optimierungsformen stehen drei Auswahlmöglichkeiten bereit: „ZWD-Optimierung", „Setze Umlaufzeit" und „Freigabezeiten berechnen". Da bereits ein Weg-Zeit-Diagramm vorliegt, wird in dieser Arbeit die ZWD-Optimierung gewählt. Alternativ würde LISA die Optimierung entweder

---

[15] Als Basis für die Analytische Optimierung dient das Dominanzverfahren aus Schnabel/ Lohse 1997. Das Dominanzverfahren hat das Ziel, das Grünband vom Vorknoten genau zu Freigabebeginn eintreffen zu lassen.

anhand der vorgegebenen Umlaufzeit [Option: Setze Umlaufzeit] oder ohne voreingestellt Signalzeitenpläne [Option: Freigabenzeiten berechnen] durchführen. Als Regel für die Koordinierungsberechnung wird zunächst die „Gerichtete Optimierung" gewählt. Anschließend werden auch die anderen Koordinierungsberechnungen angewendet. Es stellt sich heraus, dass die Analytische Optimierung, unabhängig von den gewählten Optionen, keine Koordinierung mit einem besseren PI erstellen kann als die kombinatorische Optimierung.

Parameter	HR	GR	PI [-]	k_{12} [%]
PI [-]	0,4	3,1		
k [%]	90,1	59,9	3,5	75,0
Halt [%]	9,9	29,3		

Parameter	HR	GR	PI [-]	k_{12} [%]
PI [-]	0,0	3,9		
k [%]	100,0	40,1	3,9	70,0
Halt [%]	0,0	43,9		

Abbildung 19: PI kombinatorisch optimiert [l.] und analytisch optimiert [r.]

Im nächsten Schritt wird die kombinatorisch optimierte Koordinierung mit den Signalzeitenplänen abgeglichen. Zu den SZP-Daten der LSA 400 wird ein neuer SZP hinzugefügt. Der SZP wird in „SZP2 (koordiniert)" umbenannt.

Das gleiche Vorgehen wird für die Koordinierung der Mittagsspitze wiederholt. Nach dem Einfügen der Belastungen liegt ein PI von 6,4 für die Mittagsspitze [15:30 Uhr bis 16:30 Uhr] vor. Durch die Kombinatorische Optimierung kann dieser auf 3,7 gesenkt werden. Die Analytische Optimierung erreicht einen PI von 6,8. Demnach wird bei der Mittagsspitze auf die kombinatorisch optimierte Koordinierung zurückgegriffen. Das die Mittagsspitze einen höheren und damit schlechteren PI aufweist als die Morgenspitze ist nachvollziehbar, da während der Mittagsspitze nochmal höhere Verkehrsbelastungen zu bewältigen sind [siehe Tagesganglinie – Abb. 6]. Auch die Koordinierung der Mittagsspitze wird mit den SZP abgeglichen.

Im Reiter „Signalzeitenpläne" können nun die SZP der koordinierten Spitzenzeiten eingesehen werden. Beide haben sich in ihren QSV nicht verändert. Somit ist ein ausreichendes Koordinierungsmaß in den Spitzenzeiten gewährleistet.

5. Fazit

Diese Arbeit erklärt, wie Signalprogramme für die relevanten Verkehrszeiten eines innerörtlichen Knotenpunktes entworfen werden. Zur verkehrstechnischen Planung nutzt der Autor die Software LISA der Firma Schlothauer & Wauer. Bevor die Anwendung der Software erklärt wird, sind im zweiten Kapitel dieser Arbeit die wichtigsten Grundlagen aufgezeigt. Die Qualitätsstufen und der Performance-Index sind relevante Messgrößen für die spätere Bewertung der Planung. Qualitätsstufen bewerten die Verkehrsqualität der einzelnen Ströme an einem Knotenpunkt. Abhängig von der dort anfallenden Wartezeit, erhält jeder Strom eine von sechs Qualitätsstufen [A bis F]. Der Performance-Index wird benutzt, um koordinierte Verkehrssteuerungen miteinander zu vergleichen. Eine Koordinierung ist die zeitliche Abstimmung von aufeinanderfolgenden Lichtsignalanlagen. Anzustreben ist ein geringer Performance-Index. Der Zustand einer Signalisierung wird auch als Phase bezeichnet. Die Anzahl der Phasen und deren Abfolge hängt im wesentliche von der Größe des Knotenpunktes, den Verkehrsströmen und von Sicherheitsaspekten ab. Die Phaseneinteilung hat direkten Einfluss auf die Wartezeiten der Verkehrsteilnehmer und damit auch auf die Qualitätsstufen. Abschnitt 2.4 des Grundlagenkapitels thematisiert weitere, für diese Arbeit relevante Zeitangaben. Vorgaben zu Mindestfreigabezeiten, Umlaufzeiten, Übergangszeiten und Zwischenzeiten sind im besagten Kapitel zu finden. Der letzte Abschnitt des Grundlagenkapitels definiert die Verkehrsstärke q als Resultierende der Division: Anzahl der Verkehrselemente geteilt durch ein Zeitintervall.

Kapitel 3 beschreibt die Zielsetzung, die Vorgaben und die Prämissen dieser Arbeit. Alle Annahmen und bekannten Faktoren sind hier aufgeführt. Dazu zählen unter anderem die Höchstgeschwindigkeiten der Zufahrten, die Aufstelllängen der Linksabbieger, Informationen zu den Verkehrsteilnehmern und der Lageplan. Zudem ist erwähnt, dass in allen Verkehrszeiten mindestens die Qualitätsstufe D zu erreichen ist. Die in den Spitzenzeiten einzuführende Koordinierung mit der benachbarte LSA, darf ebenfalls keine schlechtere Qualitätsstufe in der Bewertung erhalten.

Das vierte Kapitel ist der Hauptteil der Arbeit. In neun Abschnitten wird der Planungsprozess in LISA beschrieben. Beginnend wird der vorgegebene Knotenpunkt mit Fahrstreifen, Fahrlinien und den Fußgängerfurten versehen. Durch das Messen von Längen, Breiten und Höhen soll das Vorgehen in Abschnitt 4.1 eine möglichst realitätsgetreue Abbildung des Knotenpunktes in LISA hervorbringen. Abschnitt 4.2 geht auf die Verkehrsbelastungen des Knotenpunktes ein. Über eine Tagesganglinie werden sechs relevante Verkehrszeiten bestimmt. Deren Funktionsfähigkeit wird durch die Angabe der jeweiligen Bemessungsverkehrsstärke garantiert. Im darauffolgenden Anschnitt wird die Modifikation der Signalgruppen erklärt. Relevant für die Erreichung der geforderten Qualitätsstufen ist die Anpassung der Freigabezeiten. Die Freigabezeiten werden anhand der Erläuterungen aus dem Grundlagenkapitel angepasst. Unverträglichkeiten zwischen den Verkehrsströmen werden in LISA in einer Unverträglichkeitenmatrix markiert. Kapitel 4.5 und 4.6 beschäftigen sich mit dem Füllen dieser Matrix und der darauf aufbauenden Zwischenzeitenmatrix. Die Anzahl der Phasen, deren optimale Einsatzreihenfolge und deren Anpassung sind in Abschnitt 4.7 zu finden. Die gesicherte Führung der Linksabbieger wird durch das gewählte Vierphasensystem ermöglicht. Die aus dem Vierphasensystem resultierenden Signalzeitenpläne, sowie deren Qualitätsstufen können in Abschnitt 4.8 eingesehen werden. Durch die Anpassung des Signalzeitenplans der Morgenspitze konnte schlussendlich knotenpunktübergreifend die Qualitätsstufe D erreicht werden. Die gleiche Qualitätsstufe wurde bei der Koordinierung des Knotenpunktes mit der benachbarten Fußgängerlichtsignalanlage in den Spitzenzeiten erreicht [Abschnitt 4.9]. Durch die Optimierung der Weg-Zeit-Diagramme in den Spitzenzeiten wurde ein Performance-Index von 3,5 [Morgenspitze] bzw. 3,9 [Mittagsspitze] erreicht.

Der Zielsetzung dieser Arbeit konnte nachgegangen werden. Die relevanten Verkehrszeiten wurden bestimmt und deren Signalprogramm in LISA erstellt. Alle Signalprogramme erreichen die geforderte Qualitätsstufe. Auch die Koordinierung mit der benachbarten FLSA in den Spitzenzeiten konnte realisiert werden.

Das in dieser Arbeit angewendete Vorgehen kann auf einen Großteil der deutschen Knotenpunkte mit Lichtsignalanlage angewendet werden. Lichtsignalanlagen sind wichtig, um das stetig steigende Verkehrsaufkommen in den europäischen Ländern und speziell in Deutschland zu bewältigen. Dabei wird der Verkehrsfluss maßgebend von der Planung und der Steuerung dieser Anlagen beeinflusst. Nur durch optimierte und aktualisierte Steuerungen ist eine sichere, ökologisch und ökonomisch vertretbare Führung des Verkehrs möglich. Es bleibt eine Herausforderung, die Verkehrssteuerung dem steigenden Bedürfnis nach Mobilität anzupassen. Sowohl auf der Straße als auch auf anderen Verkehrsträgern.

Literaturverzeichnis

1. **Aberle, Gerd.** *Transportwirtschaft.* München : Oldenbourg Wissenschaftsverlag GmbH, 2009. ISBN 978-3-486-57951-2.

2. **ACAE.** The European Automobile Manufacturers' Association. *Vehicles in use Europe.* [Online] Januar 2021. [Zitat vom: 22. Februar 2021.] https://www.acea.be/uploads/publications/report-vehicles-in-use-europe-january-2021.pdf.

3. **Forschungsgesellschaft für Straßen- und Verkehrswesen, Arbeitsgruppe "Verkehrsmanagement".** *Richtlinien für Lichtsignalanlagen -Lichtzeichen für den Straßenverkehr- [RiLSA].* Köln : FGSV Verlag, 2015. ISBN 978-3-939715-91-7.

4. **Forschungsgesellschaft für Straßen- und Verkehrswesen [FSGV].** *Handbuch für die Bemessung von Straßenverkehrsanlagen.* Köln : FGSV Verlag, 2015. ISBN 978-3-86446-103-3.

5. **Schnabel, Werner und Lohse, Dieter.** *Grundlagen der Straßenverkehrstechnik und der Verkehrsplanung.* Berlin : Beuth Verlag GmbH, 2011. 978-3-410-17271-0.

6. **Höfler, Frank.** *Verkehrswesen-Praxis.* Berlin : Bauwerk Verlag GmbH, 2006. ISBN 3-934369-53-7.

7. **Forschungsgesellschaft für Straßen- und Verkehrswesen [FGSV], Arbeitsgruppe "Verkehrsmanagement".** *RiLSA-Beispielsammlung.* Köln : FGSV Verlag, 2017. ISBN 978-3-941790-02-5.

8. **Schlothauer & Wauer GmbH.** [Online] 2020. [Zitat vom: 24. February 2021.] https://www.schlothauer.de/softwaresysteme/lisa/.

9. **Forschungsstelle für Straßen- und Verkehrswesen [FGSV].** *Hinweise zur Signalisierung des Radverkehrs.* Köln : FGSV Verlag, 2005. ISBN 3-937356-68-1.